Édition : Hachette Collections pour la présente édition
ISBN collection : 2.84634.054.4 - ISBN ouvrage : 2.84634.360.8
Loi n° 49 956 du 16.7.1949
sur les publications destinées à la jeunesse
Achevé d'imprimer : août 2006
Imprimé à Singapour par Tien Wah Press

Disney . PIXAR

LE MONDE DE NEMO

Disney
HACHETTE

« Allez, papa ! C’est l’heure ! »
Nemo, le petit poisson-clown, est impatient : aujourd’hui, c’est son premier jour d’école ! Nemo a une nageoire plus courte que l’autre, mais il en faudrait plus pour le faire tenir tranquille !
C’est Marin, son père, qui a peur pour lui et ne sait pas quoi imaginer pour le protéger.

« Bon, d’accord », finit par dire Marin. Et il lui répète encore une fois toutes les règles de prudence à respecter. « Alors... d’abord, on vérifie que la voie est libre » dit-il en se faufilant hors de l’anémone qui leur sert de maison. « On sort, on rentre... On ressort... Et on re-rentre. Et puis... »
« Papa ! », l’interrompt Nemo en le tirant par la nageoire.

Dans la cour de l'école,
Marin et Nemo retrouvent
Monsieur Raie, le maître.
Il a décidé d'emmener
les petits en sortie éducative.
« Au revoir, papa ! », crie
Nemo installé sur le dos
de Monsieur Raie.
« Au revoir, fiston ! », crie
Marin. « Fais bien
attention à toi ! »

« Je vous admire ! », s'exclame
un autre papa en s'adressant à Marin.
« Moi, je dois dire que j'ai craqué
quand mon aîné a fait
sa première sortie au Grand Large. »
« Au Grand Large ? ! ! » Marin s'étrangle !
Le Grand Large, c'est au-delà de la Grande
Barrière de Corail, le vaste océan
où règne le danger.

Marin part aussitôt
à la recherche
de Monsieur Raie.

Pendant ce temps, Nemo et ses nouveaux amis, Titouan, Hippo et Perle, se sont aventurés à l'extrême bord du récif, face au Grand Large.

« Je sais ce que c'est - un gâteau », dit Titouan en désignant la coque d'un bateau.

Là-dessus Hippo lance :

« Le premier arrivé ! »

C'est au tour de Nemo. « Allez, Nemo, dit Titouan. Montre-nous jusqu'où tu peux aller ! »

« Euh..., répond Nemo sans bouger... Mon papa dit que c'est dangereux. »

« Tu allais partir au Grand Large ! lui reproche Marin, son papa, qui vient de le rejoindre. Tu crois que tu peux faire des choses comme ça, mais tu es trop petit, Nemo ! »

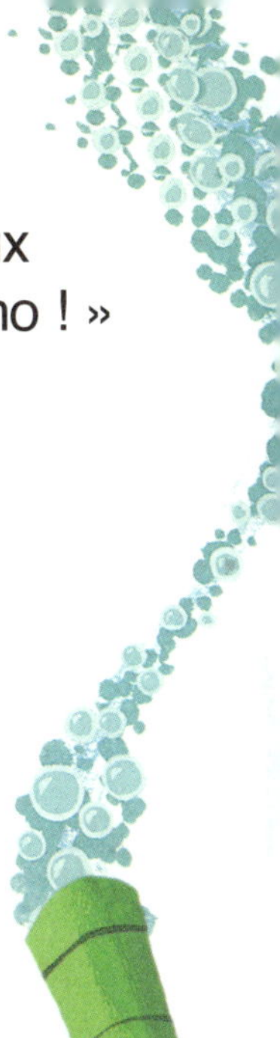

Nemo est furieux. Dès que son père a tourné le dos, il s'élance par bravade et nage jusqu'au bateau.

« Nemo ! Reviens ici ! », crie Marin. Mais il est trop tard : un plongeur vient de surgir. Il attrape Nemo dans une épuisette, remonte à bord du bateau et disparaît.

Malheureusement,
Marin ne parvient pas à
rattraper le bateau.
Comme un banc de
poissons passe par là,
il se précipite vers eux pour
demander de l'aide,
et se cogne dans un poisson bleu.
« Ça va, monsieur ? demande gentiment le poisson.
Bonjour, je m'appelle Dory. »
« Le bateau ! crie Marin. Il faut que je le retrouve ! »
« Hé, j'ai vu un bateau... Suivez-moi ! »
Marin nage derrière Dory mais soudain elle
se retourne et dit : « Arrêtez de me suivre ! »

Marin ne comprend plus rien, et puis tout s'éclaire :
« Je souffre de pertes de mémoire passagères »,
explique Dory.

En route, Marin et Dory
se trouvent nez à nez
avec un requin.
Il s'appelle Bruce et
les invite à une « fête »
qu'il donne dans
une épave de sous-marin.
En fait de « fête », c'est
une réunion de requins
qui ont décidé de ne
plus manger de poisson.

Au cours de la réunion, Marin
repère le masque de plongée
que portait le ravisseur de
Nemo et qu'il a laissé
tomber. Il y a quelque chose
d'inscrit dessus : peut-être que
ça va l'aider à retrouver son fils...
« Oh là là, se désole Marin, qu'est-ce que ça veut dire ?
Je ne sais pas lire l'humain. »
« Eh bien, on n'a qu'à trouver un poisson qui sait »,
dit Dory. Tous deux attrapent
et tirent le masque qui
claque comme un élastique.
« Aïe ! » crie Dory,
qui reçoit un coup
dans le nez et se
met à saigner.

Bruce ne peut
résister à l'odeur du sang :
il a une fringale de poisson !
Plus question de « fête », Bruce
fonce sur Marin et Dory. Heureusement,
ils arrivent à s'enfuir avec
le masque - et Dory se souvient
subitement qu'elle sait lire.
Mais le masque leur échappe
et tombe dans une fosse
océanique sombre et profonde.
Marin et Dory plongent
à sa recherche dans cette
obscurité effrayante.
« Là ! Une lumière ! »,
s'écrie Dory.

Mais la lumière se révèle être le leurre d'une baudroie ! Ils esquivent de justesse ses redoutables dents. Tandis que l'affreuse baudroie les poursuit, son filament lumineux éclaire quelque chose... « Regarde ! Le masque ! », crie Dory.
« Lis ce qu'il y a écrit dessus », ordonne Marin en s'efforçant d'éloigner la baudroie.
« Non, amène-la par ici, j'ai besoin de lumière », dit Dory. Marin vient vers elle, s'éloigne, revient, la baudroie à ses trousses, le temps que Dory lise l'adresse sur le masque. Puis tous deux se sauvent à toute vitesse.
« P. Sherman, 42, Wallaby Way, Sydney », récite fièrement Dory.
« Où ça peut bien se trouver, ça ? », s'inquiète Marin.

42, Wallaby Way, c'est l'adresse d'un cabinet de dentiste à Sydney, en Australie. Ce dentiste est le plongeur qui a attrapé Nemo : il l'a mis dans l'aquarium qui décore son cabinet. Dans cet aquarium vit déjà un groupe intéressant de poissons que tout le monde appelle les Siphonnés du Bocal.

L’Amiral, un pélican amical, s’arrête à la fenêtre pour bavarder avec les Siphonnés du Bocal. Ils échangent des nouvelles et Nemo découvre qu’il est destiné à être offert à Darla, la nièce du dentiste.
Les Siphonnés du Bocal racontent à Nemo que le dernier poisson offert par le dentiste à sa nièce, l’an dernier, n’a pas survécu.
« Il faut que je retrouve mon papa ! », s’écrie Nemo, horrifié.
Gill, le chef des Siphonnés, rassure Nemo : ils auront trouvé un moyen de s’enfuir avant la venue de Darla.

Pendant ce temps, dans l'océan... « P. Sherman, 42, Wallaby Way, Sydney », chantonne Dory à tue-tête.
Ils croisent un groupe de poissons-lunes, et Marin leur demande la direction de Sydney.
Les poissons-lunes ne veulent rien faire pour lui, mais ils sont ravis de rendre service à Dory.
Ils se regroupent de façon à former une flèche indiquant la direction de Sydney.

« Super ! », s'écrie Marin en s'élançant dans la direction indiquée.
« Hé, m'dame ! dit un poisson-lune à Dory. Surtout, quand vous arrivez à la fosse, passez à travers, ne passez pas au-dessus ! »
« D'accord, je m'en souviendrai ! », dit Dory en se dépêchant pour rattraper Marin.

« Il faut que je te dise quelque chose », crie Dory à Marin. Mais le temps de le rattraper, au bord de l'impressionnante fosse, elle a complètement oublié ce qu'elle voulait lui dire.
« On ne s'aventure pas là-dedans, dit Marin. On passe au-dessus. »
« Quelque chose me dit qu'on ferait mieux d'y aller par-là. »
Dory hésite, mais Marin la convainc facilement et elle le suit, plutôt soulagée.
Mais le danger n'est pas dans la fosse, il est bel et bien à la surface de l'eau, à la lumière du jour. C'est Dory, la première, qui s'en rend compte.

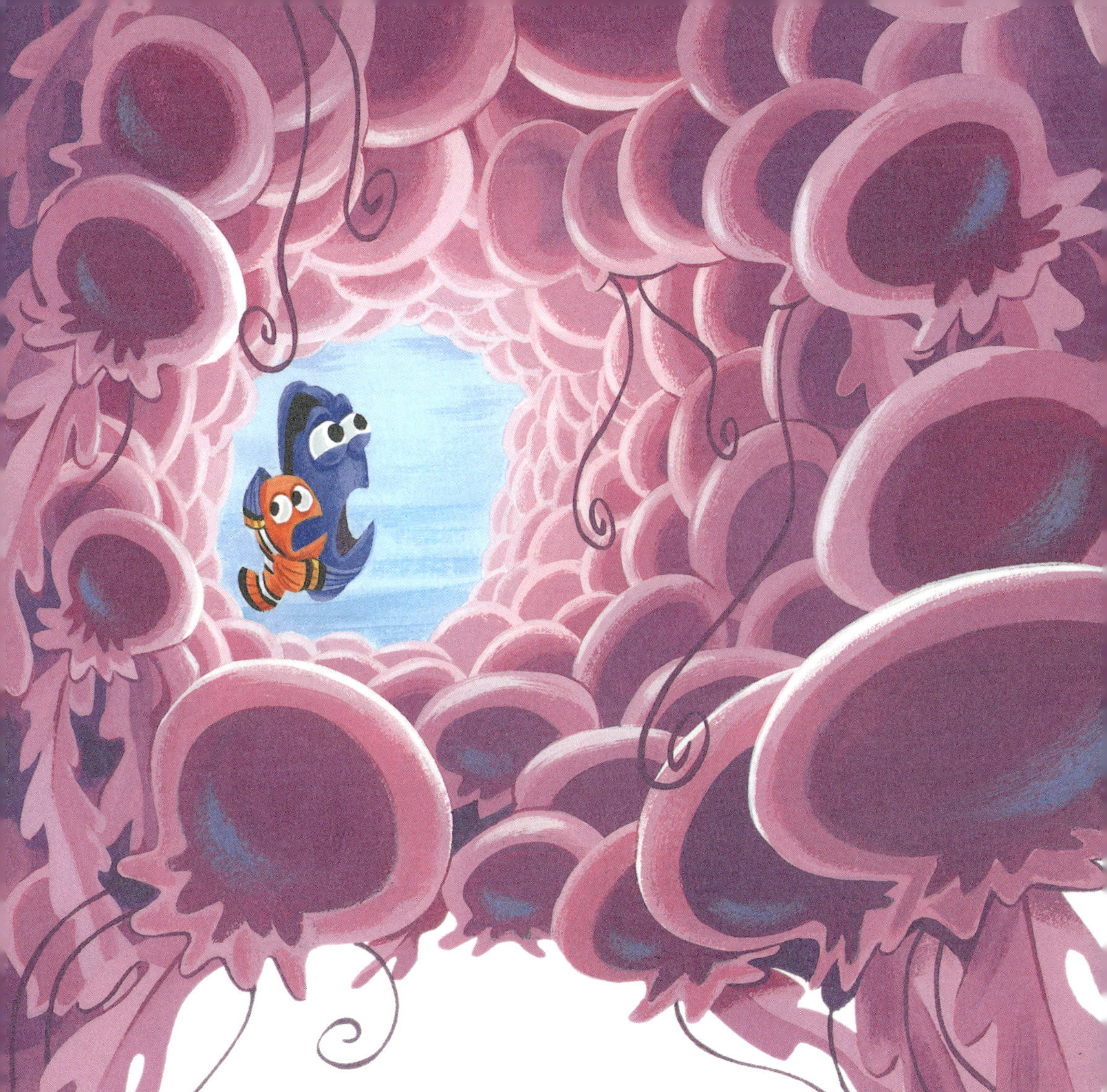

« Oh ! », crie Dory. Un bébé méduse vient de la piquer. Marin arrive à son secours.
« On a de la chance, dit Marin, ce n'était qu'un bébé. » C'est alors que, en regardant autour d'eux, Marin et Dory s'aperçoivent qu'ils sont cernés par des centaines de méduses.
« On est mal ! », remarque Marin.

Mais Dory, elle, s'amuse. « Hé ! Regarde un peu ! » La voilà qui rebondit de méduse en méduse, bientôt imitée par Marin. Ils en font un jeu, avec une règle : « Interdit de toucher les tentacules ! »

La course commence. Après un long moment, Marin, de bond en bond, se retrouve hors de la forêt de méduses. Mais quand il se retourne, il n'y a plus de Dory nulle part.

« DORY ! », crie Marin. Enfin, il la voit, prise dans les tentacules d'une méduse, alors, sans hésiter, il revient délivrer son amie. Puis tout devient noir.

Quand Marin reprend ses esprits un peu plus tard, il navigue sur le dos de Crush, une tortue de mer. « J'ai tout vu, vieux ! », dit Crush très impressionné par le courage de Marin. Dory et Marin se trouvent maintenant en compagnie d'un groupe de tortues marines voyageant vers Sydney. Marin raconte aux tortues qu'il recherche son fils, Nemo. L'histoire passe de créature marine en oiseau de mer pour venir finalement aux oreilles de l'Amiral, l'ami pélican des Siphonnés du Bocal !

Se laisser porter par le courant est une partie de plaisir pour Marin et Dory. Mais soudain Crush annonce : « Préparez-vous ! C'est là que vous descendez ! »

« Merci, vieux ! », crie Marin en quittant le courant avec Dory.

L'eau est sombre et trouble, ils n'y voient rien. Où se trouve Sydney ?

« On va demander la route », dit Dory qui croit avoir repéré un petit poisson : « Hou hou ! Là-bas... Il y a quelqu'un ? »

« C'est un poisson qu'on ne connaît pas, dit Marin nerveusement. Il pourrait nous avaler ! »

Mais Dory persiste : « Hou ! Hou ! P’tit gars ! »
Deux secondes plus tard, le « p’tit gars »
est là et c’est une baleine géante. En un instant,
ils se retrouvent dans la bouche de la baleine.

« On est dans une baleine ! », crie Marin.
« Une baleine ? Je parle baleine, tu sais. » Dory écoute attentivement les gémissements bruyants de la géante.
« Elle dit qu'il faut nager vers le fond de sa gorge. »
« Bien sûr qu'elle dit ça ! s'énerve Marin. Ça veut dire nous manger ! »

« Elle dit qu'il est temps d'y aller », annonce Dory. Et soudain ils sont tous deux propulsés haut dans le ciel par les évents de la baleine. Puis ils retombent dans la mer.

Une fois remis de leur frayeur, ils se rendent compte qu'ils se trouvent dans la baie de Sydney.

« Tu avais raison, Dory ! se réjouit Marin. On a réussi ! Maintenant il n'y a plus qu'à trouver mon fils. Il faut juste retrouver le bateau qui l'a emporté. »

Mais dans le port de Sydney,
il y a plein de bateaux. Marin et
Dory passent la nuit à les
inspecter un à un.
À l'aube, ce sont deux
petits poissons épuisés
qui se laissent cueillir
dans le bec d'un pélican affamé.

« NON ! Je ne suis pas venu jusque-là pour finir en petit déjeuner ! », hurle Marin en s'arc-boutant dans le gosier du pélican pour l'empêcher d'avaler.

Le pélican en toussant expulse les deux poissons sur une jetée, juste au moment où l'Amiral vient se poser.

« Je cherche mon fils Nemo ! », crie Marin.

L'Amiral comprend que Marin est le père de Nemo. « Hé ! Sautez dans mon bec, dit-il à Marin et Dory. Je sais où il est, je peux vous y conduire ! »

Au cabinet dentaire,
les choses se
présentent mal pour
le petit Nemo.
Darla est attendue
d'un moment à l'autre
et le dentiste est prêt
à lui donner Nemo
dans un sachet en
plastique rempli
d'eau.

Le dentiste pose le sachet sur une table.
Les Siphonnés du Bocal guident à distance le petit poisson paniqué. Il lui faut pousser le sachet et arriver à le faire rouler jusqu'à la fenêtre ouverte. Mais quand Nemo y parvient enfin, le dentiste le rattrape au vol : « Oh, non, ce serait une mauvaise chute ! » et le repose sur un plateau. Juste à ce moment-là la porte s'ouvre à grand fracas et Darla fait son entrée.

Soudain, Nemo a une idée : il fait semblant d'être mort, en espérant que le dentiste le jettera dans les cabinets. De là, il espère pouvoir rejoindre l'océan. « Bonjour, Darla chérie ! », dit le dentiste à sa nièce.

« Oh non ! », marmonne-t-il en apercevant Nemo immobile. Vite, il cache le sachet dans son dos pour que Darla ne le voie pas.

Quelques instants plus tard, la fenêtre s'ouvre avec fracas : c'est l'Amiral qui transporte Dory et Marin. « Qu'est-ce que... », s'exclame le dentiste en prenant l'Amiral de plein fouet. Il laisse tomber le sac qui contient Nemo sur un plateau. Un instrument pointu posé là perce un petit trou dans le plastique.
« Nemo ! », crie Marin en apercevant son fils. Il pense que son fils est mort.
Nemo a entendu la voix de son père mais, déjà, le dentiste a chassé l'Amiral par la fenêtre et refermé celle-ci derrière lui.

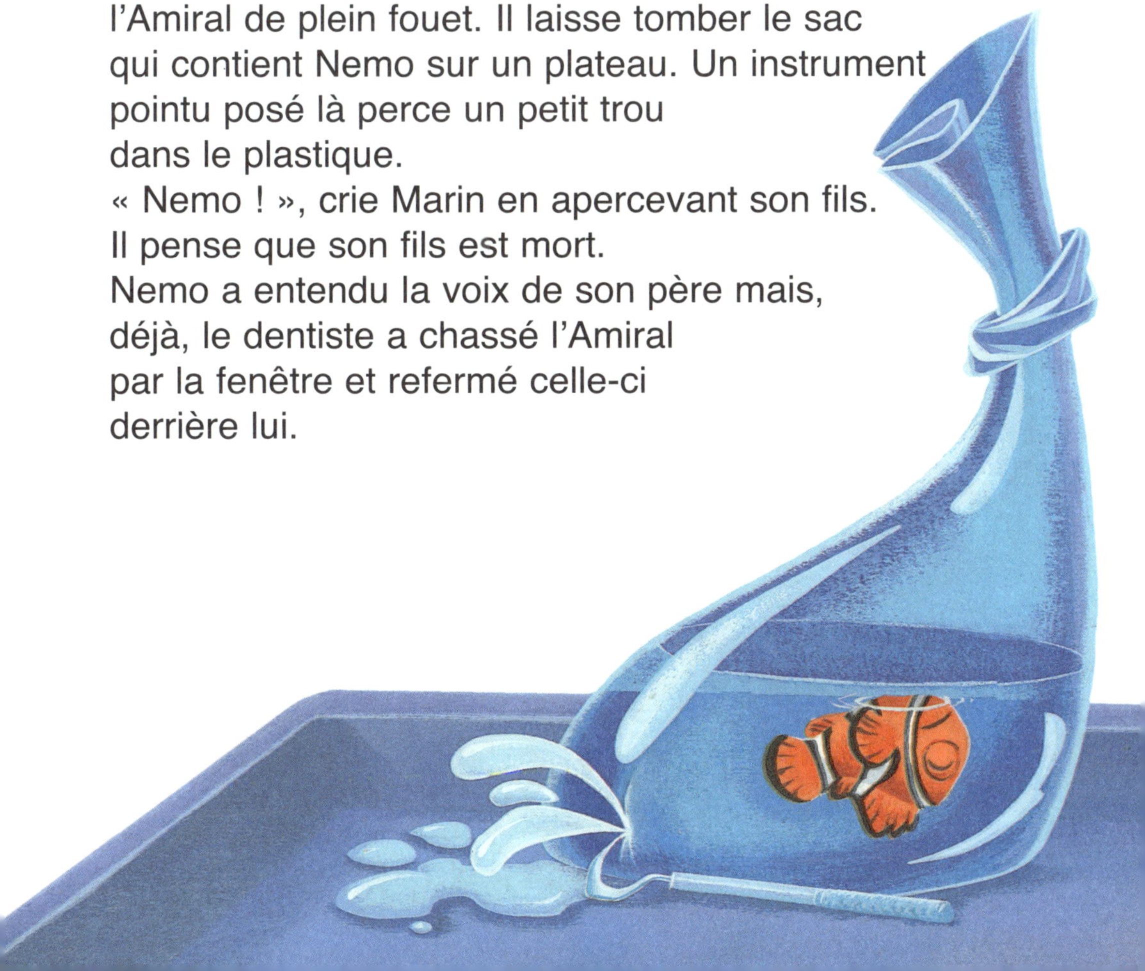

Dans la confusion
générale, Darla s’est
emparée du sachet.
« Poisson ! Petit Poisson ! »
chantonne-t-elle
d’une voix triomphante.
Nemo parvient à
se propulser hors du sac
par le petit trou pour atterrir
finalement sur un
instrument de dentiste.

Alors les Siphonnés
du Bocal se précipitent
à sa rescousse.
Avec l'aide de
ses amis, Gill jaillit
hors de l'aquarium,
frappe l'instrument
avec sa queue et
catapulte Nemo droit
dans la cuvette !
Nemo disparaît alors dans
le tuyau d'évacuation.
« T'inquiète pas ! lui crie
Gill. Tous les égouts
vont dans la nature ! »
WAOOUUFF !
Nemo est emporté
le long des
canalisations
de la ville
dans une
chute
vertigineuse.

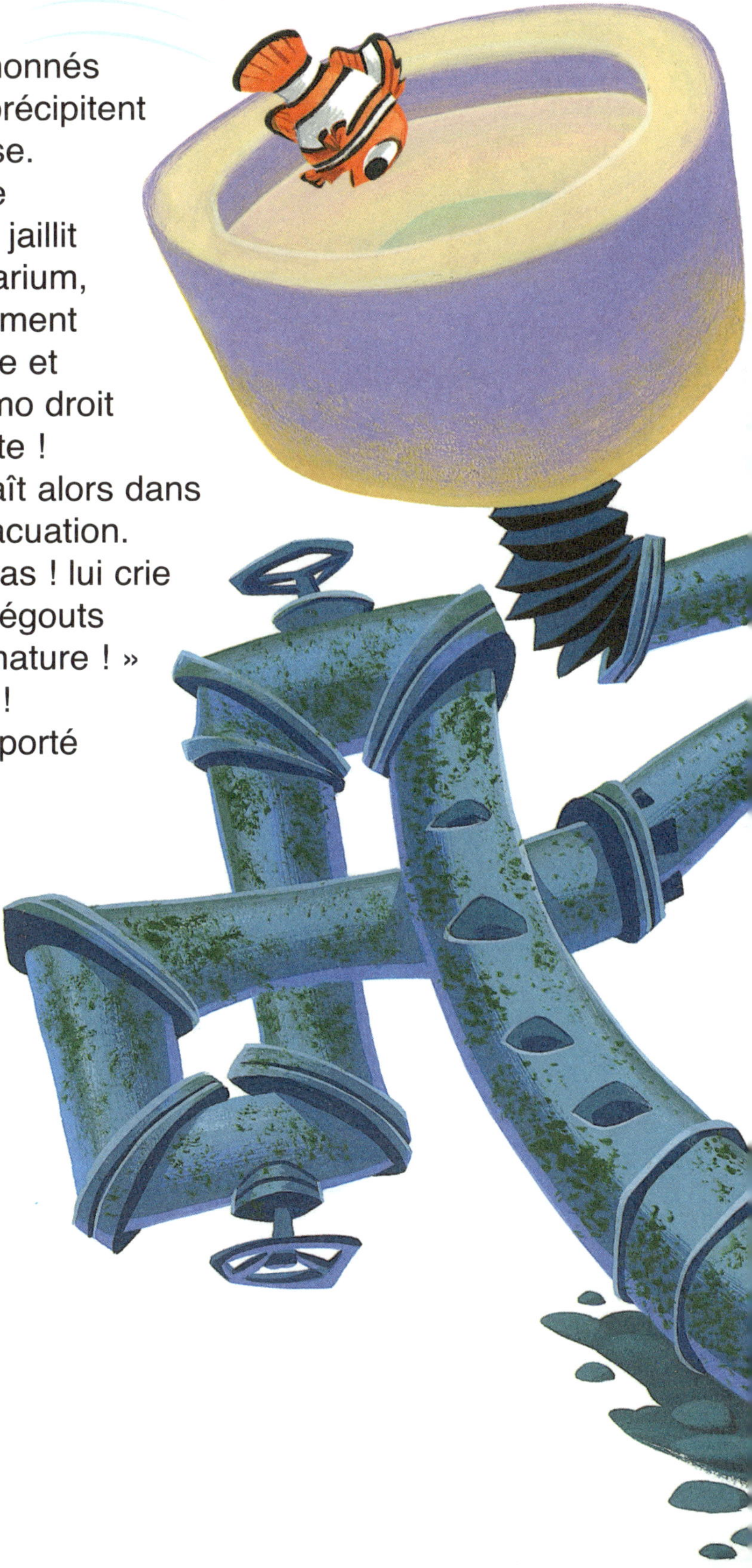

Pendant ce temps, dans le port, Marin dit tristement au revoir à Dory et à l'Amiral. Il croise deux crabes sur un tuyau d'égout puis se joint à un groupe de mérous pour le long voyage du retour.

La course de Nemo dans les canalisations
de Sydney s'achève peu après, non loin des deux
crabes que Marin a croisés.
« Je cherche mon père », leur dit Nemo,
mais il comprend vite que les crabes
n'ont qu'une idée en tête : l'attraper et le dévorer.
Alors il s'enfuit - dans la direction opposée
à celle qu'a prise son papa.

Nemo croise alors Dory qui nage en rond en pleurant :
« Je ne sais pas où je suis... Je crois que j'ai perdu quelqu'un, mais... Il faut que je me souvienne... ».
« Je m'appelle Nemo dit le petit poisson. Je cherche quelqu'un, moi aussi. »
« Nemo, c'est un joli nom », commente Dory qui a la tête ailleurs.
Les deux poissons décident de poursuivre leurs recherches ensemble.

Et soudain Dory retrouve la mémoire. « NEMO ! »
Elle prend le petit poisson entre ses nageoires.
« Tu es vivant ! Et ton papa... »

« Vous connaissez mon père ? », s'étonne Nemo.
Mais Dory est déjà en route : « Viens avec moi ! Vite ! »

Dory et Nemo
retournent auprès
des deux crabes sur
le tuyau et leur demandent
s'ils ont vu Marin.
« Moi, je ne dirai rien, dit l'un des crabes.
Et vous ne pourrez pas me forcer. »
Mais Dory n'est pas d'humeur. Elle attrape
le crabe et le pousse hors de l'eau, pile
sous le nez des mouettes affamées.
Le crabe finit par donner à Dory et Nemo
les renseignements qu'ils voulaient obtenir.

Dory et Nemo se hâtent vers les zones de pêche pour retrouver Marin.
« Papa ! Papa ! », crie Nemo qui vient de repérer Marin parmi une foule de mérous.

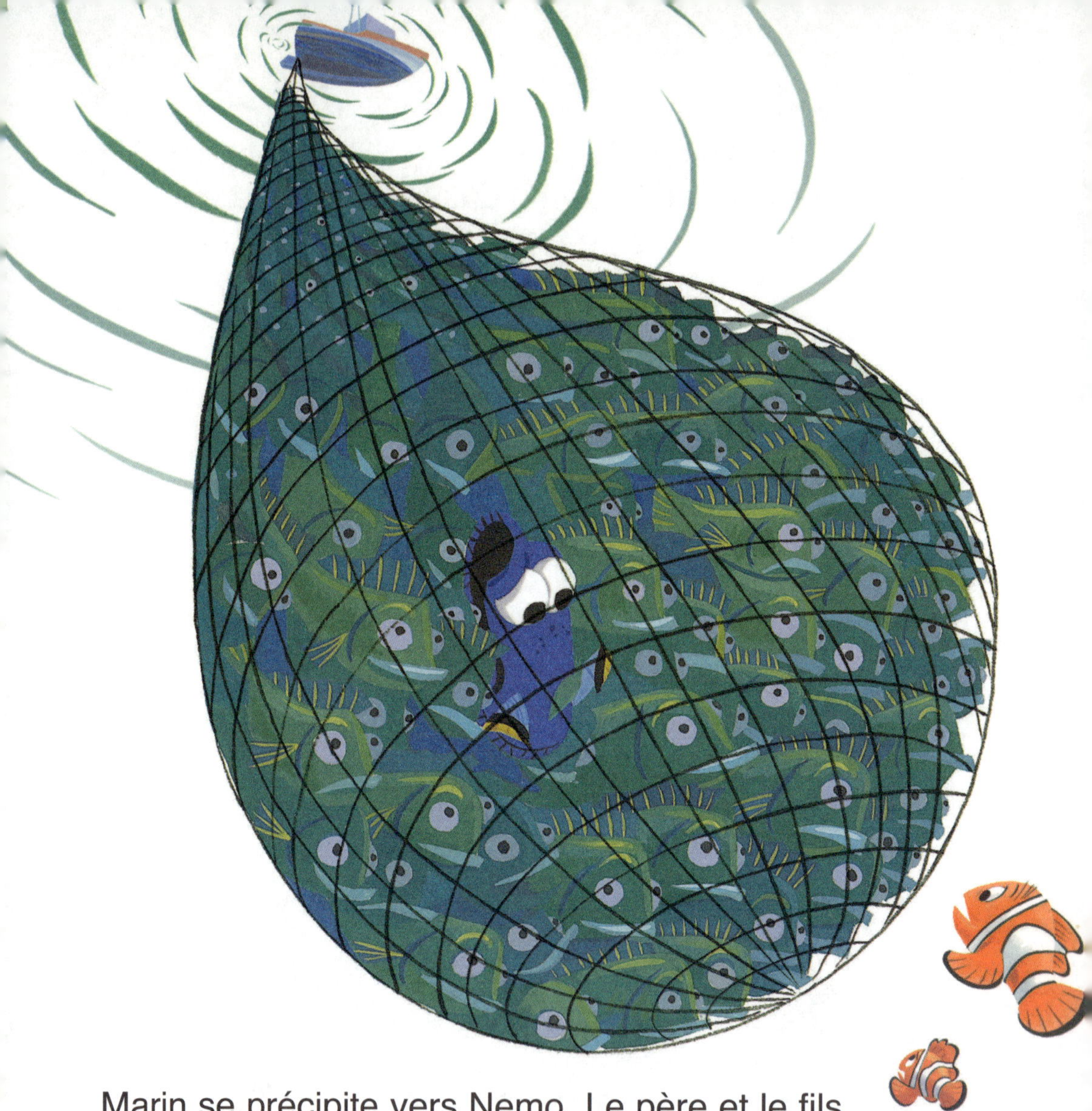

Marin se précipite vers Nemo. Le père et le fils sont enfin réunis !
« Attention ! », hurle Dory. Soudain, un énorme filet de pêche tombe sur eux. Nemo et Marin sont sains et saufs, mais Dory et les mérous sont prisonniers.
« AU SECOURS ! ! ! », crie Dory.

« Je sais ce qu'il faut faire, papa ! », dit Nemo en nageant vers le filet.
« Non, non ! Reviens ! », crie Marin. Il ne veut pas perdre son fils encore une fois.

« Papa, dit Nemo, ça, je peux le faire ! »
« J'en suis sûr », finit par dire Marin tandis que Nemo se faufile dans le filet.
Nemo dit aux poissons à l'intérieur du filet de le tirer vers le fond, pendant que Marin dit la même chose aux poissons qui sont restés à l'extérieur. Et sous leurs efforts conjugués, le filet finit par se rompre.
Tous les poissons sont enfin libres. Hourra !
Nemo peut alors rejoindre son papa.

Nemo et Marin conduisent Dory jusqu'à leur récif. Aussitôt, Nemo retourne à l'école. Il est très content de retrouver ses copains et Monsieur Raie, le maître.

Juste au moment où Monsieur Raie s'apprête
à partir, Nemo jette un regard en arrière
et lui demande d'attendre une minute.
Il va vite vers son père et lui fait un gros câlin.
« Je t'aime papa ! »
« Moi aussi, Nemo », dit Marin en serrant fort son fils.
« Allez, pars à l'aventure ! »